Der komplette Erlös des Buches geht an den Tierschutzverein Santorini e.V.

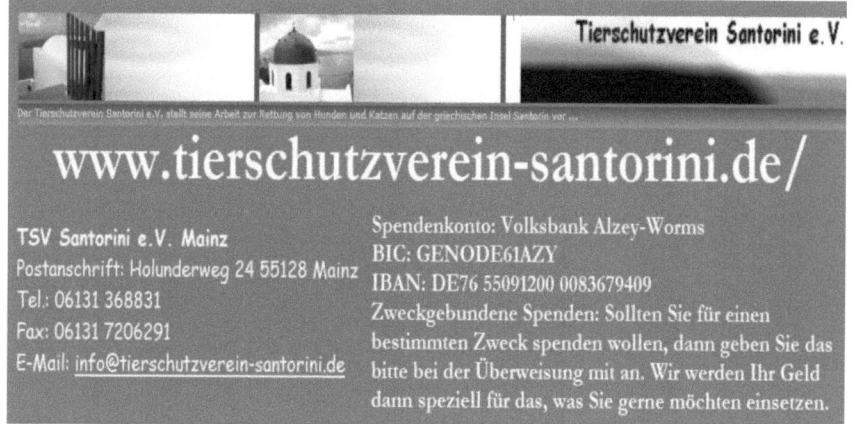

Tierschutzverein Santorini e.V.

Spendenkonto: Volksbank Alzey-Worms

BIC: GENODE61AZY   IBAN: DE76 55091200 0083679409
Zweckgebundene Spenden: Sollten Sie für einen bestimmten Zweck spenden wollen, dann geben Sie das bitte bei der Überweisung mit an. Wir werden Ihr Geld dann speziell für das, was Sie gerne möchten einsetzen.

Heike Führ

SMILEY bellt „Hallo MS"

Und er erklärt Kindern anschaulich Multiple Sklerose

© 2016 Autorin Heike Führ

Webseite: http://multiple-arts.com/

© 2016 Herstellung und Verlag:
BoD – Books on Demand, Norderstedt
2. Auflage
ISBN: 9783734767302

Bibliografische Information der Deutschen Nationalbibliothek:
Die Deutsche Nationalbibliothek verzeichnet diese Publikation in der Deutschen Nationalbibliografie; detaillierte bibliografische Daten sind im Internet über http://dnb.d-nb.de abrufbar.

Inhaltsverzeichnis

Wie alles begann
Hallo, wuff wuff, ich bin Smiley!

Ich bin auf Santorini geboren; das ist eine griechische Insel. Eine Zeitlang habe ich mit meinen Geschwistern zusammen gewohnt, aber dann musste ich plötzlich alleine auf der Straße leben und jeden Tag um mein Futter kämpfen, da es mir niemand mehr einfach hingestellt hat. Das war eine anstrengende Zeit, aber mein Frauchen Heike und mein Herrchen Peter, ich nenne sie oft Mama und Papa, haben mich über einen Tierschutzverein aus Santorini zu sich nach Hause geholt.

Es gibt auf Santorini ganz viele liebe und nette Helfer, die ein Tierheim für Tiere gegründet haben, die auf der Straße leben müssen und kein Zuhause haben. Dort werden diese Tiere dann hingebracht und versorgt. Uns allen ging es gut dort und wir haben viel gespielt - und trotzdem wünschen wir uns natürlich ein normales und schönes Zuhause haben.

Nun sollten wir also nach Deutschland gebracht werden, weil dort Pflegeeltern auf uns warteten. Das war aber gar nicht so einfach, denn Griechenland ist weit entfernt von Deutschland und deshalb musste ich mit dem Flugzeug fliegen. Wir Hunde wurden in einem Frachtraum untergebracht und nicht bei den anderen Passagieren. Damit wir uns nicht zu sehr aufregen, bekommen alle Tiere im Flugzeug immer ein Mittelchen, um ein bisschen schlafen zu können. Aber wir sind früher aufgewacht und dort war es ziemlich kalt und ungemütlich. Viele meiner Hundefreunde aus Santorini sind ebenfalls mitgekommen und wir haben uns dann im Frachtraum des Flugzeuges ziemlich laut unterhalten. Das war ein Gebell! Aber somit hatten wir weniger Angst vor der fremden Umgebung und die Zeit verging viel schneller. Mein besonderer Freund Rudi hat uns Geschichten vorgelesen. Das war schön.

Als wir gelandet waren, wurden wir von ganz vielen lieben Familien abgeholt. Das sind die „Pflegeeltern", die uns mit zu sich nach Hause nehmen und verwöhnen, mit uns zum Arzt gehen und uns versorgen. Jeder Hund geht dann erst einmal zu einer anderen Familie und wir mussten uns verabschieden. Das war ganz schön traurig. Aber ich freute mich trotzdem auf mein neues Zuhause, denn ich wollte mal wieder kuscheln und was richtig Gutes zu essen bekommen.

In der Pflegefamilie bleibt man so lange, bis man von einer anderen Familie dann für immer aufgenommen wird. Das nennt man Adoption.

Ich hatte sehr viel Glück mit meiner Pflegefamilie, denn sie waren soooo lieb, haben mich gestreichelt und gefüttert und vor allem hatten sie selbst einen Hund. Er heißt Alf. Mit ihm habe ich mich gleich angefreundet und wir hatten viel Spaß. Michaela und Reinhard sind ganz ganz tolle Eltern und ich war nach langer Zeit endlich mal wieder glücklich.

Ich war noch keine Woche dort, als es plötzlich an der Tür klingelte. Ich war immer sehr aufgeregt, wenn es klingelte, denn ich hatte noch ein bisschen Angst, dass ich doch wieder alleine auf der Straße leben sollte. Aber das passierte natürlich nicht und an diesem Sonntag im Juli kamen Heike und Peter hinein, die mich mal kennen lernen wollten. Ich fand die beiden richtig cool. Peter kuschelte mich und spielte mit mir und Heike setzte sich zu mir und hat mich ganz lange und schön gestreichelt. Ich fand das so schön, dass ich ihr die Hand vor Freude abgeleckt habe und dann meinen Kopf in ihre Hand gelegt habe.

Sie waren beide eine Weile bei uns zu Besuch und ich fand sie super lieb.

Am Donnerstag in der kommenden Woche klingelte es wieder und da standen die beiden schon wieder vor der Tür. Nun kannte ich sie schon und habe sie ganz aufgeregt und freudig begrüßt. Und stellt Euch vor: sie haben eine Weile mit mir gespielt und viel mit Michaela besprochen und dann, jaaaa dann... haben sie mich mitgenommen.

Michaela war etwas traurig und ich auch, weil wir uns nun trennen mussten. Und ich wusste damals ja noch nicht, dass es mir bei meinem neuen Frauchen auch sehr gut gehen würde. Ich hatte in diesem Moment ein bisschen Angst, ob sie wirklich so lieb sind. Aber das waren sie und wir fuhren zu ihnen nach Hause.

Im Auto hat mein neues Frauchen auf der Rücksitzbank neben mir gesessen und ganz lieb mit mir erzählt und mich immerzu gestreichelt.

So habe ich meine Angst verloren und mich an sie gekuschelt.

Zuhause angekommen zeigten sie mir alles. Ich hatte ein ganz neues Körbchen! Ich war sooo aufgeregt. Ein Körbchen ganz für mich alleine. Und es war so weich und kuschelig. Es lagen Decken und Kissen darin. Das kannte ich ja von meinem Leben auf der Straße so gar nicht.

So dünn war ich, als ich zu meinem Frauchen kam:

Und mein Frauchen hat eine Couch: auf die bin ich gleich mal draufgesprungen – man muss ja alles auskundschaften.

Mein Frauchen hat sich zu mir gesetzt und mich wieder gestreichelt und so langsam hatte ich das Gefühl, dass es mir hier gut gehen wird.

Dann haben mir mein Herrchen und Frauchen den Garten gezeigt. Ist der schöööööön! Ganz viel Wiese und Büsche, in denen ich mich verstecken kann. Herrlich, ich fühlte mich so wohl hier und knabberte an einem Stück Holz.

Und auf der Terrasse stand wieder eine Couch und ich kuschelte mich auch auf sie.

Und stellt Euch vor: überall standen Schüsseln mit Wasser zum Trinken für mich bereit. Ich musste nicht mehr lange nach etwas zu Trinken suchen, sondern brauchte nur an eine der Schüsseln zu gehen. Das kannte ich ja von meinem Leben auf der Straße gar nicht. Und abends bekam ich sogar Fressen in meine Schüssel gefüllt. Das war ein Festschmaus.

Danach war ich so müde und erschöpft von diesem aufregenden, aber sehr schönen Tag, dass ich mich gleich in mein Körbchen legte und unter dem Streicheln von Peter eingeschlafen bin.

Das war ein toller Tag und ich freute mich schon auf den nächsten.

Gute Nacht!

Endlich ein Zuhause

Ich war etwas über ein Jahr alt, als mich meine neuen Eltern abholten und die lieben Menschen aus dem Tierheim auf Santorini meinten, ich würde nicht mehr wachsen. Da ich aber so dünn war, weil ich auf der Straße nicht genügend Futter abbekommen hatte, durfte ich gaaaanz viel essen und auch noch extra viele Leckerlis bekommen. Das war schön! Leckerlis sind für Hunde so etwas, wie Süßigkeiten für Euch Kinder. Und ganz ehrlich: ich mache ALLES für Leckerlis. Das hat mein Frauchen auch gleich gemerkt und nach ein paar Tagen Eingewöhnung fing sie an, verschiedene Sachen mit mir zu üben.

Ich musste anständig an der Leine gehen und wenn ich das geschafft habe, bekam ich Leckerlis. Und ich musste „sitz" üben und habe das am Anfang gar nicht verstanden. Mein Frauchen hat immer „SITZ" gesagt und meinen Popo sanft auf den Boden gedrückt. Bis ich kapiert habe, was sie wollte! Oh je! Aber ich bekam sooo viele Leckerlis und wurde so viel von ihr gelobt, dass es mir Spaß gemacht hat.

„Sitz"

Dann musste ich noch „PLATZ" üben. Dafür muss ich mich auf den Boden legen. Ich habe ein bisschen geschummelt, und mich nicht ganz auf den Boden gelegt, aber das hat mein Frauchen gemerkt und hat mir das Leckerli nur gegeben, wenn ich völlig auf dem Boden lag. Naja, sie hat ja Recht, aber ich wollte mal sehen, ob sie es merkt □

Jeden Tag haben wir im Garten geübt und nun kenne ich schon die Dose, in der sie die Leckerlis hat. Ich wedele dann immer ganz aufgeregt mit dem Schwanz, wenn sie die Dose holt. Und wisst Ihr was? Ich muss mir dann immer mein Mäulchen schlecken vor lauter Vorfreude.

Das machen meine Hunde-Kumpels genauso, habe ich beobachtet.

Und ich durfte neue Hunde kennenlernen. Dort, wo mein Herrchen und mein Frauchen wohnen, gibt es viele Hunde und die sind fast alle nett. Am Anfang haben sie mich etwas kritisch angeschaut. Aber das verstehe ich ja: sie wohnen schon lange hier und nun komme ich, ein ganz fremder Hund. Aber ich heiße ja Smiley, was ein englischer Name ist und in etwa „LÄCHELN" bedeutet, weil ich so gerne lache und grinse. Das haben die anderen Hunde auch gemerkt und so wurden wir bald Freunde.

Meine Mama sagt immer, dass ich ein ganz lieber Hund bin und mich alle Hunde mögen. Die Menschen mögen mich auch alle. Sie sagen immer, dass ich so süß aussehe und dass mein Name zu mir passt. Naja, das sind halt Menschen! Hunde würden sowas nie sagen. Wir schnuppern aneinander und spielen kurz miteinander und dann wissen wir, ob wir uns mögen.

Menschen sind komisch: die schnuppern nie aneinander. Woher wissen die dann, ob der andere Mensch nett ist? Das verstehe ich nicht.

Aber meine Mama schnuppert auch manchmal an mir. Dann steckt sie ihre Nase in mein Fell – das mag ich und lecke ihr aus Dank die Hand ab. Hunde lecken gerne Menschen ab. Das lieben wir und damit zeigen wir Euch Menschen, dass wir Euch lieb haben. Ihr müsst keine Angst davor haben, auch wenn es kitzelt und etwas klebrig ist.

Ich liebe vor allem Kinder. Wenn meine Mama mit mir am Kindergarten vorbei geht, dann freue ich mich, wenn die Kinder mich alle rufen. Die kennen mich nämlich schon. Dann rufen sie immer ganz laut: „Smiley, komm mal her" und geben mir Leckerlis durch den Zaun (meine Mama kennt all die Kinder und Erzieherinnen dort, weil sie in diesem Kindergarten einmal gearbeitet hat). Und dann schummele ich manchmal - aber meiner Mama zu Liebe: ich merke nämlich, wie sie den Kindern heimlich ihre Leckerlis gibt, die die Kinder mir dann geben. Ich tue aber immer so, als ob ich das nicht merke und freue mich dann ganz doll, dass die Kinder mir das Leckerli geben.

Deshalb gehe ich auch so gerne dort vorbei – es lohnt sich immer. ☺

Und wisst Ihr noch etwas: mein Papa hat mich eines Tages mal gemessen, mit so einem langen Stock, da stehen Zahlen drauf. Mein Papa sagte, es sei ein Zollstock. Und er war ganz verwundert, dass ich sooo viel gewachsen war. Und meine beiden Eltern waren ganz erfreut, dass ich mich so gut entwickelt habe. Aber mir geht es ja auch gut bei meinen Eltern und ich bekomme immer etwas zu essen und zu trinken, ich werde gestreichelt und darf mich überall weich hinlegen. Da muss man ja groß und stark werden.

Meine Mama

Habe ich Euch schon gesagt, dass ich mein Frauchen und mein Herrchen ganz doll lieb habe? Ich bin sooo froh, dass sie mich adoptiert haben und bei sich aufgenommen haben. Ich habe alles, was ich brauche und werde verwöhnt.

Aber wisst Ihr, was mir aufgefallen ist? Mein Frauchen riecht ein bisschen anders als andere Menschen. Vielleicht ist sie nicht ganz gesund? Hunde können nämlich riechen, wenn ein Mensch oder ein anderes Tier nicht ganz gesund sind. Sie haben dann einen etwas anderen Geruch. Es ist nicht so, dass sie stinken! Und es kann auch sonst niemand riechen, aber wir Hunde haben ein besonderes Gespür dafür und können erkennen, ob jemand krank ist. Ich mache mir etwas Sorgen um mein Frauchen. Mein Herrchen riecht nämlich nicht so.

Ich habe auch schon gemerkt, dass mein Frauchen nicht so gut laufen kann und immer ganz viel Ruhe braucht und auch ganz viel auf ihrem Liegestuhl im Wohnzimmer liegt. Das macht mein Herrchen auch nicht.

Komisch!

Meine Freundin Fine ist schlau

Ich frage mal Fine. Fine ist meine allerbeste Freundin. Sie ist ein Golden Retriever und ich liebe sie.

Mit ihr kann ich toben und kuscheln und wir haben schon so viele Löcher gebuddelt (auch wenn dann unsere Frauchen geschimpft haben). Wir finden Löcher buddeln toll.

Manchmal kriechen wir zusammen in ein Gebüsch, damit uns unsere Mamas nicht sehen und buddeln dort dann Löcher. Aber Menschen merken ziemlich schnell etwas und schwups, holen sie uns dort wieder heraus.

Aber ich kann noch viel mehr Unsinn mit Fine machen: wir haben uns mal in einem Blätterhaufen versteckt, als im Herbst ganz viele Blätter vom Baum gefallen sind.

Da mussten uns unsere Menschen erst einmal suchen. Wir mussten so lachen – das haben unsere Frauchen natürlich gehört und dann haben sie uns doch entdeckt.

Also habe ich Fine mal gefragt, ob sie auch schon gemerkt hat, dass mein Frauchen anders riecht. Und Fine flüsterte mir zu, dass sie es auch schon gerochen hätte. Und, sagte sie, sie habe mitbekommen, wie ihr Frauchen darüber gesprochen hätte.

Fine sagte, dass meine Mama MS hat. MS ist eine Abkürzung von Multiple Sklerose. Das ist eine Krankheit, die nicht wieder weggeht. Erst habe ich mich fürchterlich aufgeregt und ganz viel Angst bekommen, als Fine mir das sagte. Aber dann hat sie mich in den Arm genommen und beruhigt.

Sie erklärte mir dann mal, was MS ist und das erzähle ich Euch hier nun auch.

Fine erklärt MS

MS kann jeder Mensch bekommen. Meistens bekommen sie es erst, wenn sie erwachsen sind, aber sogar manche Kinder können MS haben. Das ist aber selten.

Meine Mama hat also MS. Das ist eine Entzündung im Gehirn, aber die kann man nicht sehen, wenn man die Mama anguckt. Um diese Entzündungen sehen zu können, muss sich meine Mama in einen Apparat legen, der sich MRT nennt. Dort werden Fotos von Mamas Gehirn gemacht. Ich habe mir diese Fotos mal angeschaut und tatsächlich: dort sind weiße Flecken zu sehen, die da nicht hingehören. Das sind also die Stellen, die entzündet waren und dann hart wurden und die Nerven beschädigen.

MRT-Bild: Die Pfeile zeigen Dir die weißen Flecken.

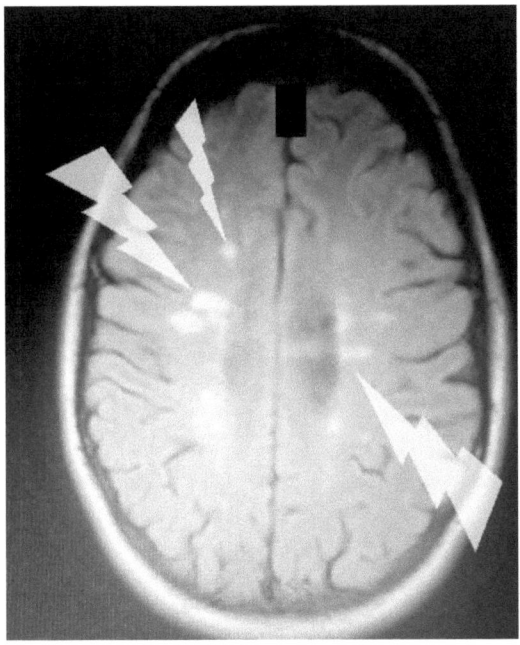

Da das so richtig niemand verstehen kann, stellt Euch einmal ein Stromkabel vor. Da ist das blanke Kabel (lasst Euch sowas mal von Euren Eltern zeigen) und um das Kabel ist eine Schutzhülle herum.

Jetzt stellt Euch vor, es würde ein Mäuschen kommen, und würde dieses Kabel anfressen. Dann ist die Schutzhülle beschädigt, oder sogar ganz weg. So ist das mit den Entzündungen. Das Kabel von Deiner Mama, das sind die Nervenbahnen und die werden sozusagen „angefressen" – das sind die Entzündungen.

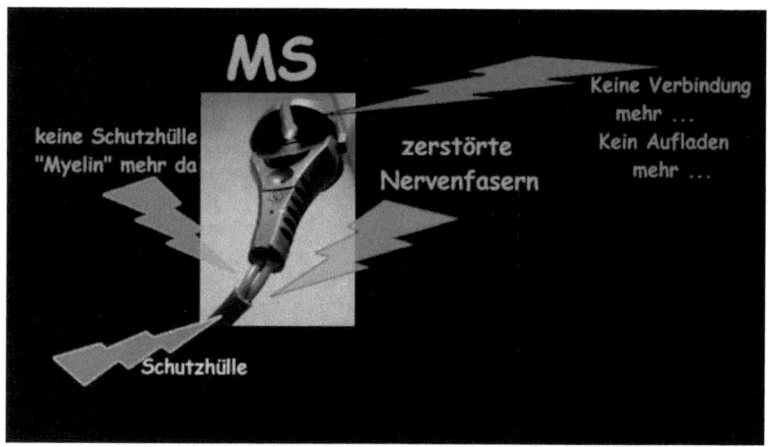

Wenn nun zum Beispiel eine Nervenbahn angefressen wird, die vom Gehirn zum linken Arm Deiner Mama führt, dann ist ja das Stromkabel kaputt, das heißt, die Nervenbahn ist auch kaputt. Deshalb kann es sein, dass Deine Mama den linken Arm nicht mehr richtig bewegen kann. Oder dass der Arm kribbelt, oder die Hände taub sind. Hattest Du schon einmal eingeschlafene Füße? So fühlt es sich an, wenn etwas bei einem MS'ler taub ist. Nur, dass es meistens nicht mehr aufhört.

So, nun aber zum Kabel: wenn man bei diesen Entzündungen der kaputten Nervenbahn (Stromkabel) nun zum Beispiel Kortison bekommt – das ist ein ganz starkes Medikament -, dann kann es mit viel Glück sein, dass sich das Stromkabel fast von alleine wieder repariert.

Manche Leute mit MS haben Glück und es wird alles wieder so gut, wie es vorher war. Da haben der eigene Körper und das Medikament dann die Nervenbahn repariert. Wenn die Entzündung aber schlimmer war, kann es sein, dass man es nicht mehr reparieren kann und dann bleibt zum Beispiel die Hand Deiner Mama für immer taub oder kribbelt.

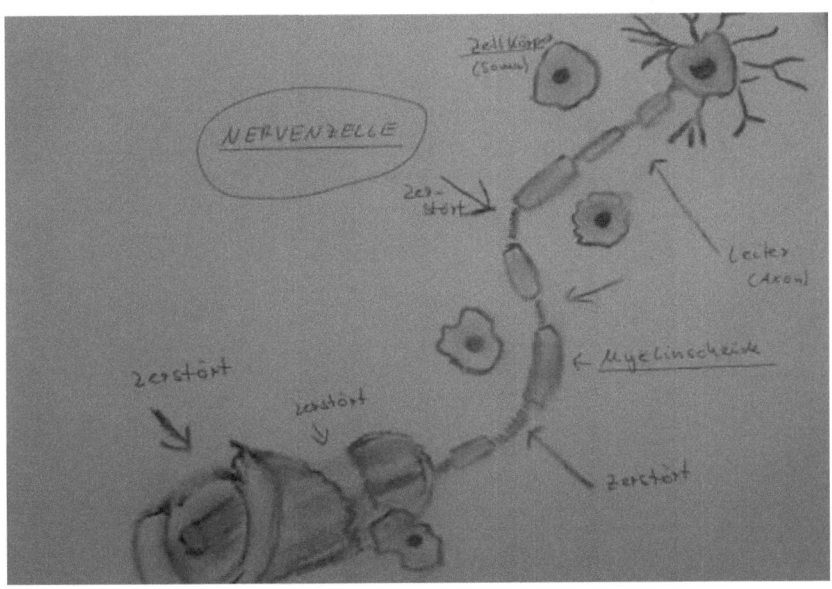

Dieses Beispiel kann man in ganz verschiedenen Varianten erzählen: die kaputten Nervenbahnen können Vieles bewirken: Deine Mama, oder auch Dein Papa, oder Deine Tante - jeder, der MS hat - erlebt das in etwa so.

Manche haben dann vielleicht oft Schmerzen, die schlecht weggehen, oder sie können nicht mehr so gut laufen, weil die Nervenbahnen zu den Beinen entzündet und kaputt sind. Manche Leute können dann auch nicht gut sprechen oder sie haben Probleme mit dem Sehen, weil die Augen von Entzündungen betroffen sind.

Im MRT kann man dann diese Entzündungen, die nicht mehr weggegangen sind, sehen: als weiße Flecken.

Aber meine Mama macht immer Späße: sie sagt: „Immerhin habe ich den Beweis, dass ich ein Gehirn habe. Auch, wenn es Flecken hat. Andere Leute haben keinen Beweis dafür!". Sie meint dann damit, dass es Leute gibt, die vielleicht so dumm sind, dass man denken könnte, sie hätten gar kein Gehirn.

Aber alle MS`ler haben so viele Fotos von ihrem Gehirn, dass sie immerhin wissen, dass sie eines haben. Es ist gut, wenn meine Mama Witze darüber macht. Denn so eine Krankheit ist nicht wirklich lustig. Wenn man aber Späße darüber macht, können alle mitlachen und man nimmt es nicht so schwer

Das hat mir alles Fine erzählt und morgen, wenn ich ausgeschlafen bin, erzähle ich Euch noch mehr. Ich habe nämlich noch einen ganz tollen Freund, und der heißt Balou. Der ist auch ganz schlau! Nun muss ich mich aber mal in mein Körbchen legen – das ist so weich und kuschelig.

Und manchmal lasse ich meinen Kopf auch heraushängen. Ich finde das gemütlich. Meine Mama lacht dann aber immer.

Meine besten Hunde-Freunde

Hallo, ich bin wieder wach!

Was ich Euch noch sagen wollte: ich erzähle hier von meinem Frauchen, von meiner Mama, weil sie krank ist. Vielleicht ist es bei Euch aber der Papa, der krank ist, oder die Oma. Dann passt das aber auch. Denn obwohl bei jedem MS`ler die Krankheit unterschiedlich verläuft, gibt es doch immer wieder Parallelen.

So, und nun muss ich Euch aber noch von Balou und Fine erzählen.

Erst einmal aber will ich Euch erzählen, wie ich **Fine** kennengelernt habe: ich war noch ganz neu bei meinen Eltern, als meine Mama mal an einem Samstagmorgen mit mir Gassi gegangen ist. Sie wusste damals noch nicht, dass ich schon groß bin und mein Pipi ganz lange einhalten kann. Aber das konnte sie ja auch nicht wissen, und so hat sie sich extra früh den Wecker gestellt.

Wir sind also zum Park gelaufen, der bei uns ganz in der Nähe ist und dort war Fine. Ich habe mich gleich in sie verliebt, weil sie so schön ausgesehen hat und so toll mit einem Ball und ihrem Frauchen gespielt hat. Dann durfte ich sie begrüßen und habe an ihr geschnuppert und da war es um mich geschehen. Fine ist ein ganz tolles Hunde-Mädchen. Und das Schönste ist: sie hat mich ganz freudig begrüßt, mit ihrem wunderschönen buschigen Schwanz gewedelt und mich auch ab geschnuppert.

Das war toll und dann haben wir getobt. Ganz wild und schön. Damals durfte ich noch nicht von der Leine abgemacht werden, da meine Mama Angst hatte, dass ich vielleicht weglaufen würde. Das hätte ich sicherlich nicht gemacht, aber ich muss ihr Recht geben: manchmal laufen Hunde einfach irgendwohin und wissen dann nicht mehr, wo sie sind…und ich kannte mich ja damals noch nicht in der Gegend aus, weil ich so neu war.

Heute darf ich längst ohne Leine laufen und höre auch ganz gut, wenn mich mein Frauchen ruft. Naja, meistens…

…oder ab und zu 😊

Jedenfalls war Susanne, Fines Frauchen, so begeistert von mir, dass wir uns wieder treffen wollten und nun sind wir allerbeste Freunde.

Mein starker Freund Balou

Und in genau diesem Park traf ich auch **Balou**. Er ist ein großer rotbrauner Labrador.

Das ist er:

Ist er nicht ein Prachtkerl?

Als wir uns zum ersten Mal trafen, war ich schon länger bei meinen Eltern und durfte im Park ohne Leine laufen. Ich sah Balou und bin zu ihm gerannt. Meine Mama hat noch geschimpft, weil ich so schnell gerannt bin, aber ich fand ihn schon von weitem ganz ganz toll.

Und so war es auch: wir haben uns gesehen und beschnuppert und sofort festgestellt, dass wir allerbeste Freunde werden können. Wir haben gebalgt, getobt und sind ganz viel gerannt. OH war ich kaputt danach, aber es war soooo schön.

Und nun habe ich also zwei beste Freunde: **Fine und Balou.**

Das sind Balou und ich beim Toben und Buddeln. Er passt immer auf, wenn ich Löcher grabe, dass uns niemand sieht.

Balous Frauchen Nathalie ist Ärztin. Also dachte ich, dass ich Balou auch mal wegen dieser Krankheit MS, die meine Mama hat, fragen kann.

Balou erklärt MS

Balou erklärte mir, dass jeder Mensch eine andere DNA hat. Die DNA zu erklären ist schwierig: ich versuche es ganz einfach zu machen: DNA ist eine in sich verdrehte Leiter, deren Bausteine (Gene) den Geheimcode für unsere Merkmale darstellen.

Die Gene bestimmen zum Beispiel darüber, ob du blonde oder schwarze Haare bekommst, ob sie lockig sind, oder glatt, oder ob wir groß oder klein werden. Bei meiner Mama ist ein Fehler in diesem Code aufgetreten und ein Hund kann riechen, wenn mit einem der Gene etwas nicht stimmt.

Kranke Menschen haben eine veränderte DNA und riechen deshalb auch etwas anders. Also hatte ich Recht, dass da was nicht stimmt mit meinem Frauchen.

Neulich sind wir Gassi gegangen und meine Mama ist einfach so gestolpert und hingefallen. Schwups, da lag mein Frauchen auf dem Boden. Mir hat das so leidgetan und ich bin sofort zu ihr gerannt und habe sie abgeschleckt und mit ihr gekuschelt. Sie hat geweint. Aber sie erklärte mir, dass sie nicht geweint hat, weil sie sich wehgetan hätte, sondern weil sie es so rührend fand, dass ich mich um sie kümmerte.

Sie hatte ganz verdreckte Hosen, aber sie ist tapfer wieder aufgestanden. Und wisst ihr was: seitdem beobachte ich sie und passe auf sie auf.

Wenn wir berghoch laufen müssen, was ihr sehr schwer fällt, bleibe ich an ihrer Seite und renne nicht vorne weg. Sie hat dann nämlich so schwere Beine, die sich wie Blei anfühlen, dass sie sie kaum hochheben kann. Das tut mir so leid. Aber ich kann ihr ja nicht die Beine tragen und nicht helfen. Also bleibe ich bei ihr und passe auf und zeige ihr, dass ich für sie da bin.

Balou hat mir gesagt, dass MS`ler jemanden brauchen, der ihnen glaubt, dass es ihnen gerade nicht gut geht, und dass sie es ganz dringend brauchen, dass man für sie da ist.

Gut, dass ich in diese Familie gekommen bin und nun auf mein Frauchen aufpassen kann.

Manchmal läuft mein Frauchen auch mit einem Gehstock. Das war erst sehr fremd und komisch für mich. Aber ich sehe, dass es ihr hilft, und deshalb freue ich mich für sie.

Manchmal hinkt sie auch, das sieht etwas komisch aus. Aber mir macht das nichts aus. Ich habe meine Mama so lieb, da ist es mir egal, ob sie hinkt, oder nicht. Das ist so, wenn man sich ganz doll liebt. Das weiß ich von Fine.

Fine war auch mal verletzt am Bein und das hat eklig ausgesehen. Aber ich habe trotzdem mit ihr geschmust, weil ich sie so lieb habe. Da ist es doch egal, wie sie aussieht.

Oft ist meine Mama auch sehr sehr müde und ganz schlimm erschöpft. Dann muss sie sich sofort hinlegen und ausruhen. Das nennt man Fatigue - das weiß ich von Balou.

Ich spüre es immer, wenn es ihr so geht... das kann ich auch riechen, und dann bin ich ganz still und leise und lege mich auch hin. Meine Mama liebt es, wenn ich mich dann zu ihr kuschele. Manchmal will ich aber auch lieber alleine liegen und mich ausruhen und das ist dann auch ok.

Hunde schlafen viel. Mein Frauchen sagte mal, dass sie manchmal wie ein Hund sei, weil sie auch immer so müde ist.

Und ab und zu ist mein Frauchen auch traurig und weint. Dann komme ich auch zu ihr und lasse mich streicheln. Sie soll nicht alleine sein. Sie sagt immer, ich sei ihr Seelenhund – weil ich ihre Seele so tief berühre und immer spüre, was sie gerade braucht. Mir tut es so leid, wenn sie so traurig ist. Sie erzählt mir dann immer, dass sie traurig ist, weil sie so Vieles nicht mehr machen kann wegen ihrer MS.

Andere Mamas wandern ganz viel und nehmen ihre Hunde und Kinder mit. Das kann mein Frauchen nicht mehr. Aber wisst Ihr was: das finde ich nicht schlimm. Dafür kuscheln wir mehr.

Mein Menschen-Rudel

Und noch was Tolles: mein Frauchen hat 2 Kinder. Eine Tochter: Sie heißt Selina: Selina ist schon groß und wohnt nicht mehr bei uns. Aber sie gehört zu meinem Rudel. Das ist sicher, denn ich liebe sie genauso.

Ein Rudel ist so etwas wie eine Familie. Und Selina holt mich manchmal ab, wenn sie joggen geht. Dann braucht meine Mama nicht mit mir Gassi gehen und ich kann rennen. Am Anfang fand ich das komisch, so neben Selina her zu rennen und auch sehr anstrengend. Aber nun habe ich mich dran gewöhnt und wir rennen ganz herrlich. Da kann ich mich mal richtig austoben. Danach muss ich immer schlafen, so müde bin ich.

Und wenn sie ihren Freund Felix mitbringt, dann toben wir ein bisschen. Ihn mag ich nämlich auch ganz besonders.

Das ist alles wundervoll. ☺

Wenn der Sohn meines Frauchens, er heißt Patrick, mit seiner Frau Melli vorbeikommt, bin ich immer ganz außer mir vor Freude. Ich merke am Geruch ganz deutlich, dass er auch zum Rudel gehört, und Melli kuschelt mich so schöööön und bei ihr fühle ich mich auch ganz zuhause. Patrick spielt immer Fußball im Garten mit mir. Das ist toll.

Manchmal bin ich, wenn alle zusammen da sind, so aufgeregt, dass ich meine Kuscheltiere durch die Gegend werfe. Dann schimpft mein Frauchen. Das muss ich noch lernen, dass ich nicht immer so aufgeregt bin, wenn Besuch kommt.

Aber es ist doch so schön für mich: dann ist das ganze Rudel zusammen, das lieben Hunde doch so - und alle haben mich ganz doll
lieb.

Wenn meine Mama Besuch hatte, ist sie anschließend immer ganz erschöpft und muss sich hinlegen. Aber das macht mir nichts aus – dann lege ich mich auch hin und meistens zu ihr.

Mein Herrchen ist auch ganz toll. Er geht ganz oft mit mir Gassi. Manchmal auch, wenn meine Mama nicht kann, weil ihre Beine wieder so schwer sind. Ich habe Glück, dass ich so ein tolles Rudel habe und mich alle so mögen.

Auch wenn meine Mama so schlimm krank ist: ich habe sie so lieb und versuche immer, sie zu verstehen. Das versuchen alle von meinem Rudel auch. Sogar Fine und Balou und deren Frauchen. Ich mag es, wenn alle Rücksicht auf meine Mama nehmen und ihr viel Hilfe anbieten. Fine und Balou haben mich auch schon mal zum Spielen abgeholt – ohne meine Mama. Dann kann sie sich ausruhen und ich kann toben gehen und anschließend legen wir uns beide hin.

Schaut mal, das sind wir drei zusammen:

Meine Mama und ich

Meine Mama braucht oft Hilfe. Ich überlege mir schon, wie ich ihr noch mehr helfen kann. Aber das überlegt sich meine Mama wohl auch, denn sie trainiert viel mit mir. Erstens, so hat sie das mal erklärt: weil sie nicht so viel laufen kann mit mir, beschäftigt sie mich halt anders: wir lernen zum Beispiel „Männchen" machen, oder „High Five", ich kann sogar „winke winke"!

Das zeige ich Dir mal irgendwann ☺

Und zweitens will sie es wohl schaffen, dass ich ihr im Notfall mal das Telefon bringen kann. Ich mache alles für meine Mama. Und ich bekomme dann ja auch fast immer meine Leckerlis. Naja, wenn ich ehrlich bin, lauere ich schon immer auf die Leckerlis. Aber natürlich helfe ich ihr auch gerne und wir haben beide etwas davon, weil es mir dann nicht so langweilig ist.

Das Schwierige bei MS ist, dass man es demjenigen oft nicht ansieht, wenn es ihm nicht gut geht. Das macht es den Menschen auch so schwer. Denn sie wissen es einfach nicht, ob der MS`ler nun gerade Hilfe braucht, oder nicht. Wir Hunde spüren das, aber ein Mensch muss dann fragen. Wenn jemand ein Bein gebrochen hat und einen Gips tragen muss, bis das Bein wieder geheilt ist, sieht jeder, dass der Mensch krank ist. So ist das leider bei einem MS-kranken Mensch nicht. Man sieht nur, wenn er im Rollstuhl sitzt... aber man sieht nicht, ob er vielleicht nur mit einem Auge sehen kann, oder ob gerade seine Hand kribbelt. Das macht das Helfen so schwierig.

Liebe Kinder, wenn Ihr jemanden kennt, der MS oder auch eine andere Krankheit hat: es ist ganz wichtig, dass Ihr denjenigen trotzdem mögt und dass ihr ihm helft. Es ist aber auch wichtig, ihn immer mal aufzufordern, etwas mit Euch zu spielen. Das mache ich nämlich auch manchmal, indem ich meine Mama an stupse oder mich vor sie setze und sie gaaaaanz lieb angucke.

Meistens wird sie dann weich und kümmert sich um mich. Ich liebe es, wenn ich merke, dass ich mein Frauchen nur ganz lieb anschauen muss, und sie mir dann fast alles gibt, was ich haben möchte.

Mein Herrchen sagt immer, dass ich Glück habe, ein Hund zu sein.

Balou hat mir auch gesagt, dass es sein kann, dass Eure Mama mal Dinge vergisst, die Ihr ihr erzählt habt, und sie sich nicht mehr daran erinnern kann: dann meint sie das nicht böse. Das müsst Ihr wissen. Sie hat ja diese Flecken im Gehirn und da vergisst sie manchmal etwas. Meine Mama hat einmal vergessen, mir mein Futter abends hin zu stellen. Da hab ich mich vor meinen Futternapf gestellt und laut gebellt. Dann hat sie es gemerkt und es hat ihr so leidgetan.

Aber das ist ja nicht schlimm, denn wir können sie ja notfalls einfach nochmal erinnern. Das macht uns ja nichts aus. Es kann dann halt sein, dass Ihr ab und an mal etwas wiederholen müsst.

Es passiert ihr auch, dass sie gerade nicht das richtige Wort findet. Das finde ich aber sehr lustig. Dann fällt ihr zum Beispiel nicht ein, wie ich heiße, und dabei sieht man es mir doch an, weil ich doch immer lächele ☐.

Ich versuche ihr dann zu helfen und lache ganz doll, dann muss sie wenigstens auch lachen.

Wenn sie Wörter nicht gleich findet, spricht sie wie ein kleines Kind. Aber wir lachen dann immer gemeinsam. So ist halt meine Mama und das macht auch nichts.

Und was ich Euch auch noch sagen möchte: es ist völlig egal, ob Eure Mama, oder Papa, oder jemand anders im Rollstuhl sitzt, ob sie laufen oder nicht laufen können, oder ob sie einen Rollator benutzen müssen.

Es ist egal, ob ihre Hände zittern und ihnen ständig etwas aus der Hand fällt, weil sie keine Kraft haben.

Es ist egal, wenn Eure Mama oder Euer Papa mindestens so oft Pipi machen müssen wie Ihr, weil sie es sonst nicht einhalten können.

Es ist egal, ob Eure Mama etwas schusselig ist, ob sie manchmal weint und traurig ist.

Es ist egal, weil Ihr sie ja trotzdem liebt.

Sie liebt Euch nämlich auch.

Und zwar sehr.

Und sie ist trotzdem eine gute Mama. Auch wenn sie Einiges vielleicht nicht so mitmachen kann, wie die Mamas von Euren Freunden. Auch wenn es Euch weh tut und Ihr Euch manchmal deshalb über sie ärgert... Sie ist trotzdem die beste Mama der Welt und sie liebt Euch.

Ich liebe meine Mama so wie sie ist. Das ist echte Liebe, hat mein Papa gesagt. Sie macht tolle andere Sachen mit mir und trainiert auch ganz viel mit mir! Außerdem bringt sie mich oft zu Hundefreunden, oder ich werde von ihnen zuhause abgeholt. Das ist ganz toll.

Ich habe es gut, auch wenn meine Mama MS hat, hinkt und dauernd müde ist... Sie ist meine Mama, mein liebes Frauchen und sie und mein Herrchen gehören zu mir. Und noch Selina und Patrick mit ihren Freunden.

Falls Ihr traurig seid, nehme ich Euch auch alle mal in den Arm. Dann schaut Euch doch einfach die Fotos hier an und wir sind zusammen traurig, dass es unseren Mamas oder Papas manchmal nicht so gut geht, oder dass sie vielleicht ab und zu mal ins Krankenhaus müssen. Wir schaffen das zusammen und Du wirst sehen: Du wirst ein ganz besonders starker Erwachsener, weil Du jetzt schon stärker bist als all Deine Kumpels: weil Du toll bist, Deine Mama und Deinen Papa magst und Du zu ihnen hältst und sie unterstützt! Das macht Dich reich, Dein Herz ganz weit und unschlagbar lieb.

Und so ist mein Leben.
Ich bin Smiley und ich grüße Euch alle mit
„WINKE WINKE".
„CHECK" Kumpel – das kann ich gut □
(Manche sagen auch „HIGH FIVE" dazu):
WIR PACKEN DAS ZUSAMMEN!

Dein Smiley ☺

Und in meinem neuen Buch erzähle ich Euch ganz viele neue lustige Geschichten!

Heike Führ

Smiley

Der kleine Frechdachs mag nicht duschen

Lustige Kindergeschichten

Schon in Band 1 „SMILEY bellt HALLO MS!" erzählt der süße und quirlige Mischlingshund witzige und amüsante Geschichten aus seinem Hundeleben. Nun geht es detaillierter mit all seinen Anekdoten weiter.

Autorin Heike Führ setzt ihre Ausbildung als Erzieherin sinnvoll und kindgerecht ein, indem sie lustig viel Wissen über die Natur, den Straßenverkehr und Vieles mehr vermittelt. Smiley wird zu einem Vorbild und liebevollem Begleiter, der zusammen mit seiner schlauen Hunde-Freundin Fine den Kindern unterbewusst wichtige Werte vermittelt. Die Sprache ist kindgerecht und doch auch fordernd – ein wichtiger Ausgleich in der Pädagogik.

SMILEY – der kleine Frechdachs mag nicht duschen / 2. Auflage

104 zum Teil farbige Seiten / Verlag: BoD

ISBN 9 783739 243252/ 7,99 Euro

Und hier noch ein paar Fotos von mir ☺

Hier renne ich ganz schnell!!!

Im Wald ruhe ich mich aus

…und mache ganz toll Männchen

Das bin ich an Weihnachten ☺

Hier bin ich an meinem Lieblingsbach, von dem ich Euch im neuen Buch ganz viel erzähle ☺

Heike Führ wurde 1962 in Mainz geboren, ist verheiratet und hat 2 erwachsene Kinder, sowie den Seelenhund Smiley.

Sie ist eine ausgebildete Erzieherin mit vielen pädagogischen und psychologischen Fort- und Weiterbildungen. Sie gründete einen privaten „Vor-Kindergarten" und war jahrelang damit selbständig. Außerdem belegte sie zusätzlich noch mehrere Kurse für „Yoga mit Kindern".

Führ setzt sich mit dem Thema „Multiple Sklerose" auseinander und führt zur Information darüber eine Webseite und eine gleichnamige sehr lebendig laufende Facebook-Seite. Seit 1994 ist sie selbst an MS erkrankt und hat bereits 7 MS-Begleitbücher, 2 Kinderbücher und 3 Rezeptbücher geschrieben.

http://multiple-arts.com/

http://heikef.jimdo.com/

Auf der Homepage

www.multiple-arts.com

(unter der Rubrik „SMILEY")

hat mein Frauchen noch ganz viele Ausmalbilder

passend zum Buch für Euch !!!